D1925279

Für ....

Von ....

WAS ICH DIR WÜNSCHE

zum Geburtstag

GROH

Ich wünsche dir
von Herzen alles Gute!

Zu deinem Geburtstag

möchte ich dir mit diesem Büchlein
viele gute Gedanken mit auf den Weg geben.
Auf dass dich meine Wünsche
dein neues Lebensjahr hindurch
begleiten mögen!

Helle Gedanken
und ein heiteres Gemüt
machen *schöne Tage.*

HENRY DAVID THOREAU

Ich wünsche dir,
dass du die Sonne im Herzen trägst.

Eine Stimmung einfangen,
genießen und festhalten -
welch ein Geschenk.
KATHARINA EISENLÖFFEL

Dass du viele

glückliche Momente

in ausgelassener Runde erlebst
und deine Lieben oft um dich hast,
das wünsche ich dir.

LEICHT ZU LEBEN
OHNE LEICHTSINN,
HEITER ZU SEIN
OHNE AUSGELASSENHEIT,
MUT ZU HABEN
OHNE ÜBERMUT –
DAS IST *die Kunst*
DES LEBENS.

THEODOR FONTANE

Das Beste liegt nie hinter uns,
sondern immer vor uns.
PAUL JÄGER

Ich wünsche dir,
dass du an deinem Geburtstag
nicht nur zufrieden zurückschaust,
sondern ebenso erwartungsvoll
nach vorne blickst.

Viel Glück!

höchste Glück

Natürlich wünsche ich dir,
dass du immer viel Spaß hast.
Und wenn es mal turbulenter zugeht,
wünsche ich dir, dass du
auf dich und deine Stärken vertraust
und jeden Tag mit Neugierde
und *Optimismus*
angehen kannst.

Jeder gute Wunsch ist
ein kleiner Schubs
auf dem Weg zum Glück.
INGRID KOLLER

Jeder hat große und kleine Träume,
die er wie einen Schatz in sich trägt.
Ich wünsche dir, dass du dir
deine Träume erhältst und es dir gelingt,
sie in die *Wirklichkeit* umzusetzen.

Ich wünsche dir,
dass du dir wunderbare
Momente der Muße gönnst
und dich mit den Genüssen
verwöhnst, die dir

gut tun.

Das Leben besteht in Bewegung.
ARISTOTELES

Was gibt es Schöneres
als Sonnenschein, gute Laune
und viel Bewegung an frischer Luft?
Ich wünsche dir viele solcher Momente,
die Seele und Körper stärken
und dich in Schwung halten.

Was ich dir von Herzen wünsche:
Liebe Menschen, die dich
auf deinem Lebensweg
mit netten Worten und
guten Wünschen begleiten –
nicht nur an deinem

Geburtstag!

Lebens

Du bist für andere da und hilfst,
wenn man dich braucht.
Dass auch alle anderen für dich da sind,
das ist mein Wunsch

für dich.

Dass du die Muße hast,
in Ruhe auf Vergangenes zurückzublicken,
die Gegenwart bewusst zu genießen
und für die Zukunft viele schöne Pläne
zu schmieden – das wünsche ich dir

von Herzen!

Ich wünsche dir,

dass du in deinem Leben
fest verankert bist – aber auch,
dass du die innere Freiheit besitzt,
dich aus deinem Alltag
wegzuträumen.

Was ich mir aneigne, ist meine Heimat.

BETTINA BRENTANO

Dass du Orte und Menschen
dein Zuhause nennen kannst,
das ist mein Wunsch *für dich.*

Heimat ist da,
wo wir mit den Menschen,
mit der Natur und unserer Umgebung
so *innig verbunden* sind,
dass wir nirgendwo anders sein möchten.

IRMGARD ERATH

Ich wünsche dir
eine verwandte Seele an deiner Seite!

Freundschaft ist
das gute Gefühl zu wissen,
dass es jemanden gibt, der
ganz ähnlich tickt
wie man selbst.

ANNA JOHANNSEN

Freude und Heiterkeit sind Wege zum Glück.

OTTILIA MAAG

Ich wünsche dir,

dass du bei den Dingen,
die dir am Herzen liegen,
Erfolg hast und dich stets
das Glück begleitet.

Je mehr wir uns
um etwas bemühen müssen,
umso größer ist die Freude,
wenn das Bemühen *Früchte* trägt.

RENATE NUSSBAUMER

Ich wünsche dir,
dass dein Einsatz belohnt wird!

Dass du auch im neuen Lebensjahr
viele gute Erfahrungen sammelst,
die du deinem Schatz an Erinnerungen
hinzufügen kannst, das

wünsche ich dir.

Du bist etwas *ganz Besonderes*
und ich bin sehr froh, dass es dich gibt!
Dass dein neues Lebensjahr
wunderbare Momente und ganz viel
Gutes für dich bereithält,
das wünsche ich dir!

Zum Geburtstag alles Liebe!

Happy Birthday!

Für jeden die passenden Wünsche
zum Geburtstag finden Sie auf:

www.groh.de
facebook.com/grohverlag
instagram.com/grohverlag

MIX
Papier aus verantwortungsvollen Quellen
FSC® C011862
FSC
www.fsc.org

Die nachhaltige Waldbewirtschaftung und die verantwortungsvolle Gewinnung des Rohstoffs Papier ist uns ein Anliegen. Daher werden alle Buch- und Kalender-Neuheiten auf FSC®-zertifiziertem Papier gedruckt.

GLÜCKWÜNSCHE ALLES GUTE

SPASS ÜBERRASCHUNGEN BUNTE WÜNSCHE

Einen guten Tag FREUDE SCHENKEN

Welch schöneren Anlass könnte es zum Feiern geben, als den Tag, an dem Sie geboren sind? Schön, dass es Sie gibt, will Ihnen jemand sagen! Begegnungen wie diese machen uns reich und geben Kraft. Was liegt schon alles hinter Ihnen, was noch alles vor Ihnen? Bei Groh suchen wir zu diesem Anlass nach der passenden Botschaft. Denn da ist jemand, dem Sie wichtig sind und der an Sie denkt.

Ihr Groh Team

Dieses Buch entstand in enger Zusammenarbeit mit meiner Kollegin Dinah Groß. Wir wünschen allen Geburtstagskindern alles Gute.

Vielen Dank an alle Beteiligten!
Paulina Palomino

Textnachweis: Wir danken allen Autoren bzw. deren Erben, die uns freundlicherweise die Erlaubnis zum Abdruck von Texten erteilt haben.

Cover: Getty Images/Tetra Images; Rückseite: Photcase.de/pixelliebe; Innenteil: S. 2: Masterfile/PremiumRF/David & Micha Sheldon/Radius Images; S. 5: iStock.com/Rike; S. 6: iStock.com/ Claudia Paulussen; S. 9: F1online/MINT Images/Jane Taylor; S. 10: Getty Images/Moment Open/Anton Violin; S. 12: Photocase.de/GabiPott; S. 15: Photocase.de/Helgi; S. 16: Shutterstock/Sylvie Corriveau; S. 19: Stocksy/Marta Locklear; S. 20: iStock.com/Pinopic; S. 23: Photocase.de/emoji; S. 24: Getty Images/Digital Vision/Dougal Waters; S. 27: iStock.com/JuanCi; S. 29: Photocase.de/sör alex; S. 30: Getty Images/Photographer's Choice/Martine Mouchy:; S. 32: Photocase.de/Andrea Santema; S. 35: iStock.com/deepblue4you; S. 36: iStock.com/davidsonn; S. 38: iStock.com/E+/MmeEmil; S. 41: Shutterstock/Dar1930; S. 43: iStock.com/manams; S. 45: Getty Images/E+/eja.

Layout: Sandra Gramisci editorialdesign, München

Was ich dir wünsche zum Geburtstag
ISBN 978-3-8485-2283-5

187013-4355-01